D1849499

Anselm Grün

Du bist geliebt

Bibliographische Information der Deutschen Nationalbibliothek

Die Deutsche Nationalbibliothek verzeichnet diese Publikation in der Deutschen Nationalbibliographie. Detaillierte bibliographische Daten sind im Internet über http://dnb.d-nb.de abrufbar.

1. Auflage 2014
© Vier-Türme GmbH, Verlag, Münsterschwarzach 2014
Alle Rechte vorbehalten

Lektorat: Dr. Ulrike Strerath-Bolz
Gestaltung: Dr. Matthias E. Gahr
Umschlagmotiv: Friedberg / Fotolia.com
Druck und Bindung: Pustet, Regensburg

ISBN 978-3-89680-905-6
www.vier-tuerme-verlag.de

Anselm Grün

Du bist geliebt

Vier-Türme-Verlag

Inhalt

Du bist
geliebt

Jeder von uns sehnt sich danach, zu lieben und geliebt zu werden. Doch oft haben wir Zweifel daran, ob wir wirklich geliebt werden. Auf der einen Seite wissen wir genau, dass Menschen uns geliebt haben und lieben.

Aber immer wieder machen wir die Erfahrung, dass uns die Liebe, die wir erfahren haben, nicht genügt, dass sie nicht reicht, uns das Grundgefühl zu vermitteln: Ich bin geliebt. So brauchen wir die Zusage von einem anderen, der uns sagt: Du bist geliebt.

Ich möchte Dir in diesem Buch zusagen, dass Du geliebt bist. Und ich möchte Dir die verschiedenen Facetten dieses Geliebtseins vor Augen führen.

Ich wünsche Dir, dass Du dieses kleine Buch mit dem Gefühl lesen kannst: Ja, ich bin geliebt, ich lebe aus der Gewissheit, geliebt zu sein.

Du bist geliebt von Deiner Mutter

Vielleicht zweifelst Du daran, dass Du von Deiner Mutter geliebt bist. Du hast manche Verletzungen in Erinnerung, manche harten Worte, die Dir eher vermittelt haben, dass Du eine Last bist. Doch Du sollst Dich immer daran erinnern, dass Deine Mutter Dich neun Monate in ihrem Leib getragen hat. Das ist schon Ausdruck von Liebe.

Und wenn Du in Deine Kindheit siehst, wirst Du immer wieder erkennen: Ja, meine Mutter hat mich geliebt und liebt mich.

Manchmal konnte sie diese Liebe vielleicht nicht so recht ausdrücken. Sie hat ihre Liebe oft nur in der Fürsorge für mich ausgedrückt. Sie hat alles getan, damit ich gut versorgt bin, damit ich einen guten Weg gehen kann. Aber auch wenn die Mutter es nicht immer so gezeigt hat, wie ich es mir gewünscht hätte: Sie hat mich doch geliebt.

Es gibt keine Mutter, die ihr Kind nicht liebt. Vielleicht war Dir die Liebe der Mutter auch zu erdrückend. Aber dann sollst Du wissen: Sie hat es gut gemeint. Es war ihre Weise, ihre Liebe zu Dir auszudrücken.

Schau Dir die Bilder an, in denen Du als Baby in den Armen Deiner Mutter liegst. Dann kannst Du gewiss sein:

Du bist geliebt von Deiner Mutter.

Du bist geliebt von Deinem Vater

Manchmal tun sich Väter schwer, ihre Gefühle auszudrücken. Vielleicht hat Dein Vater Dir seine Liebe nicht immer gezeigt. Doch dann hast Du von anderen gehört, wie stolz er auf Dich ist.

Sein Stolz auf Dich war seine Form von Liebe.

Dein Vater hat sich für Dich angestrengt, den Lebensunterhalt zu verdienen. Vielleicht erinnerst Du Dich auch an zärtliche Gesten, wie Dein Vater mit Dir gespielt hat, wie er Dich hochgehoben und durch die Luft gewirbelt hat. Ganz gleich wie Du Deinen Vater erlebt hast, auch er hat Dich geliebt. Er hat Ja zu Dir gesagt.

Doch vielleicht bist Du von Deinem Vater verlassen worden. Und das hast Du ihm nicht verziehen. Er hat sich dann nicht mehr um Dich gekümmert. Das ist ein tiefer Schmerz. Aber wenn Du durch den

Schmerz hindurchgehst, wirst Du trotzdem die Liebe Deines Vaters erahnen. Vielleicht war er durch die Trennung so mit sich beschäftigt, dass er seine Liebe zu Dir nicht genügend ausdrücken konnte. Vielleicht hat Dir die Liebe des Vaters auch nicht gereicht. Den Schmerz über den Mangel an Liebe sollst Du nicht unterdrücken. Aber bei allem Mangel sollst Du auch das erkennen, was an Liebe wirklich von Deinem Vater ausging. So sollst Du Dir immer wieder sagen:

Ich bin geliebt von meinem Vater.

Du bist geliebt von Deinen Geschwistern

Manchmal streiten die Geschwister miteinander. Oder es gibt Rivalität, wer der Liebling des Vaters oder der Mutter ist. Aber wenn Du Deine Geschwister anschaust, so wirst Du hinter der Rivalität doch auch die Liebe Deines Bruders, Deiner Schwester entdecken.

Die Liebe hat sich manchmal versteckt hinter Necken, hinter allerlei Streichen, die sie Dir gespielt haben. Aber wenn es darauf ankommt, kannst Du Dich auf Deine Geschwister verlassen. Dein größerer Bruder, Deine größere Schwester haben für Dich gesorgt oder Du für sie. In dieser Fürsorge steckt auch viel Liebe.

Natürlich gibt es auch Geschwister, die sich – vor allem bei einer Erbschaft – heillos zerstreiten. Das tut sehr weh. Aber wenn Dir das geschehen ist, dann sollst Du Deine Sehnsucht nach der Geschwisterliebe zulassen. In der Sehnsucht, von Deinem Bruder, von Deiner Schwester geliebt zu werden, spürst Du schon etwas von der Liebe, die Du einmal erfahren hast. Vielleicht entdeckst Du auch andere Geschwister: Freunde und Freundinnen, die an die Stelle Deiner Geschwister treten und Dir das Gefühl geben, dass Du zu ihnen gehörst. Und Du sollst die Hoffnung nie aufgeben, dass Du auch die Liebe Deines Bruders oder Deiner Schwester irgendwann wieder erfahren darfst.

Du bist geliebt von Deinen Großeltern

Die Liebe der Großeltern ist anders als die Liebe der Eltern. Die Großeltern haben nicht den Ehrgeiz, Dich zu erziehen. Sie geben Dir einfach das Gefühl, dass Du so sein darfst, wie Du bist. Sie geben Dir Geborgenheit. Die Liebe der Großeltern atmet Weite und Milde.

Die Großeltern bewerten nicht. Sie geben Dir einen Raum, in dem Du ganz Du selbst sein darfst, in dem Du Dich umgeben weißt von Liebe und Wertschätzung.

Und die Großeltern zeigen Dir eine Liebe, die nicht bindet, die keine Dankbarkeit erwartet. Ihre Liebe schöpft aus der Quelle ihrer langjährigen Erfahrung. Und so ist ihre Liebe mit einer langen Geschichte verbunden. Sie geben Dir in ihrer Liebe Anteil an Deinen Vorfahren. Du hast das Gespür, dass Du eingebettet bist in eine lange Reihe von Menschen. Du hast teil an ihren Wurzeln.

In der Liebe der Großeltern erreicht Dich eine Liebe, die eine lange Tradition hat. Und diese Liebe ist mehr als nur ein Gefühl. Sie ist die Gewissheit, aufgehoben zu sein in einem Strom, der die Zeiten überdauert, in einem Netz von Liebe und Geborgenheit.

Du bist geliebt

von Deinem Freund, Deiner Freundin

Kinder schließen schon sehr früh Freundschaften.

Manchmal hat ein Mädchen schon im Kindergarten Freundschaft geschlossen. Und an dieser Freundschaft hält es bis ins Erwachsenenalter fest. Auch Jungen schließen Freundschaft. Sie gehen gemeinsam in den Wald und entdecken dort die

Geheimnisse der Natur. Oder sie erleben gemeinsam Abenteuer oder fahren miteinander auf dem Fahrrad durch die Landschaft. Sie haben immer neue Einfälle miteinander und sind unzertrennlich.

In der Freundschaft fühlt sich der Mensch geliebt und angenommen. Er wird nicht bewertet. Er kann sein, wie er ist.

Du bist geliebt von Deinen Freunden und Freundinnen. Vielleicht hast Du einen besten Freund, eine beste Freundin. Von ihnen weißt Du Dich bedingungslos

angenommen. Du kannst Dich auf den Freund, auf die Freundin verlassen.

Manchmal fragst Du Dich, warum dieser Mensch ausgerechnet Dich zum Freund oder zur Freundin gewählt hat. Wenn Du darüber nachdenkst, dann spürst Du eine tiefe Dankbarkeit. Es ist ein wunderbares Geschenk, einen Menschen zu haben, der zu einem steht, der einem auch in Krisenzeiten beisteht, zu dem man mit allem kommen kann, was einen bewegt. Die Bibel sagt vom Geschenk des Freundes:

»Ein treuer Freund ist wie ein festes Zelt; wer einen solchen findet, hat einen Schatz gefunden. Für einen treuen Freund gibt es keinen Preis, nichts wiegt seinen Wert auf.« (Jesus Sirach 6,14f)

Der Freund oder die Freundin ist wie ein schützendes Zelt, das sich über mir wölbt. In diesem Zelt kann ich daheim sein und mich von Liebe umgeben fühlen.

Du bist geliebt
von Deinem Partner, Deiner Partnerin

Nach den Eltern ist wohl die wichtigste Erfahrung im Leben, von einem Partner, einer Partnerin geliebt zu werden, mit der man sich für immer verbunden hat, mit dem man das eigene Leben teilen möchte. Die Liebe, die Du von Deinem Partner beziehungsweise Deiner Partnerin erfährst, unterliegt natürlich auch

Schwankungen. Manchmal beflügelt Dich die Liebe des Partners und Du fühlst Dich glücklich. Die Liebe strömt zwischen Euch.

Und dann gibt es Konflikte in der Liebe. Manchmal scheint das Gefühl der Liebe zu zerrinnen. In solchen Situationen ist es wichtig, sich immer wieder an die erste Liebe zu erinnern und sich selbst zu bestätigen: Ich liebe meine Frau, meinen Mann und ich weiß, dass er, dass sie mich liebt. Auch wenn es Auseinandersetzungen gibt: Ich kann mich auf diese Liebe verlassen.

Terhi
Antti
Cocraft
Rik
&
Lotte
Lina
&
Heikki
27.5.2012
MANDY
PETER
Ekaterina
Jüri
28.8.2012
K & V
ABUS
Lada
&
Tuukka
Philipp + Lisa
6.8.2010
Teija
Kalja

Ich weiß mich trotz meiner eigenen Fehler und Schwächen geliebt. Und ich liebe meinen Partner, meine Partnerin auch so, wie er/sie ist.

Durch die Krisen, die jede Liebe durchmacht, kann die Liebe wachsen und stärker werden. Wenn die Liebe die ersten Konflikte und Krisen bewältigt hat, gibt sie Dir die Gewissheit: Ich muss mir die Liebe nicht erkaufen durch Wohlverhalten. Ich bin so geliebt, wie ich bin. Und auch ich bin bereit, den anderen so zu lieben.

Wenn wir beide frei sind von dem Druck, uns beweisen oder dem anderen imponieren zu müssen, dann erst wird die Liebe zu einer Gewissheit, die uns keine Krise mehr nehmen kann.

Du bist von Gott geliebt

Vielleicht ist Dir das zu abstrakt, wenn ich Dir sage: Gott liebt Dich. Oder Du fragst: Wie kann ich die Liebe Gottes zu mir spüren?

Ich möchte Dir zwei Wege aufzeigen.

Der erste Weg: Lasse die folgenden Worte, die Gott zu seinem Volk und zu Dir persönlich sagt, in Dein

Herz fallen. Es sind die Worte aus dem biblischen Buch des Propheten Jeremia:

»Mit ewiger Liebe habe ich Dich geliebt. Darum habe ich Dir so lange die Treue bewahrt.« (Jeremia 31,3)

Spüre Dich in dieses Wort hinein. Kaue es. Wiederhole es Dir immer wieder. Und sage Dir vor: Wenn das stimmt, wie fühle ich mich? Dann wirst Du Dich daran erinnern, dass Du Dir selbst oft nicht treu bist. Aber Gottes Liebe zeigt sich daran, dass er Dir die Treue hält, dass er immer zu Dir hält, auch wenn

Du nicht zu Dir hältst, auch wenn Du Dich nicht aushältst.

Ein zweiter Weg: Stell Dich in die Sonne und stell Dir vor, dass Gottes Liebe Dich in den warmen Strahlen der Sonne durchdringt. Stell Dich in den Wind und halte Dir das Bild vor Augen: Gott streichelt Dich im Wind. Und dann berühre zärtlich eine Blume und stell Dir vor, wie viel Zärtlichkeit Gott in diese Blume hineingelegt hat. Dann kannst Du Dir auch vorstellen, dass Gott Dich genauso zärtlich liebt wie diese Blume.

Gottes Liebe hat sich kaum jemals größer gezeigt, als in Jesus Christus. Doch wie kannst Du das erfahren und spüren? Betrachte eine Ikone mit einem Christusbild. Da schaust Du in ein Gesicht, das Liebe ist. In der Ikone sieht Dich Jesus voller Liebe an. Und dann kannst Du im Blick auf die Ikone das Jesusgebet mit Deinem Atem verbinden. Du sprichst beim Einatmen: »Herr Jesus Christus« und beim Ausatmen: »Erbarme Dich meiner!« Du kannst Dir vorstellen, dass die Liebe Jesu, die Du im Antlitz der Ikone siehst, durch das Jesusgebet in Deinen ganzen Leib eindringt und alles in Dir verwandelt.

Ein anderer Weg, die Liebe Jesu zu spüren, ist, wenn Du seine Worte in Dich eindringen lässt. Sage Dir vor, was Jesus seinen Jüngern vor seinem Tod gesagt hat:

»Es gibt keine größere Liebe, als wenn jemand sein Leben hingibt für seine Freunde.« (Johannes 15,13)

Die Taufe als Zusage der Liebe

In der Taufe hören wir das Wort, das Gott bei der Taufe Jesu zu seinem Sohn gesprochen hat:

»Du bist mein geliebter Sohn. Du bist meine geliebte Tochter. An Dir habe ich Wohlgefallen.«

Viele hören diese Worte, können aber nicht daran glauben. Du sollst es Dir immer wieder vorsagen.

Wenn Du Dich selbst so liebevoll anschaust, wie Gott es tut, dann wirst Du schön. Und wenn Du einen anderen in Liebe anschaust, machst Du ihn schön. Einen anderen so liebevoll anzuschauen ist gleichsam: ihn mit einem weißen und schönen Gewand umkleiden, damit er sich ganz und gar geliebt weiß und sich an seiner eigenen Schönheit freut.

In der Taufe haben wir erfahren, dass wir von Gott bedingungslos geliebt werden. Die Taufe ist auch für die Eltern eine Herausforderung, dass sie ihre Kinder ohne Bedingungen lieben. Die Taufe erinnert die

Eltern immer wieder daran, dass sie ihr Kind lieben, weil es so ist, wie es ist, und ihre Liebe nicht an Bedingungen zu knüpfen. Diese Erfahrung ermöglicht es dem Kind, sich wirklich angenommen und geliebt zu fühlen. Das allein ist echtes Leben und nicht nur ein Überleben.

Ich liebe mich

Wenn Du Dich von so vielen Menschen und von Gott geliebt weißt, fällt es Dir womöglich auch leichter, Dich selbst zu lieben.

Sich selbst zu lieben ist kein Egoismus. Jesus selbst fordert uns auf, den Nächsten zu lieben wie uns selbst. Jesus geht also davon aus, dass wir uns selbst lieben.

Sich selbst lieben, das heißt: damit aufhören, sich selbst zu bewerten, gegen sich selbst zu kämpfen und sich mit Gewalt anders zu machen. Sich selbst lieben bedeutet, sich einzugestehen:

Ich bin einmalig. Ich bin ein einzigartiges Bild Gottes. Und dieses Bild Gottes drückt sich aus in meinem Leib und meiner Seele. Daher bedeutet sich selbst zu lieben, zunächst einmal, seinen Leib zu lieben.

Viele lehnen ihren Leib ab, weil er anders ist, als es die Mode von ihnen verlangt. Doch jeder Mensch ist schön, wenn er sich selbst liebevoll anschaut. Hildegard von Bingen sagt, dass wir unseren Leib lieben sollen, damit unsere Seele gerne darin wohnt. Und dann sollen wir uns lieben mit unserer ganzen Geschichte.

Sich selbst lieben, das würde heißen, dass Du von Dir sagen kannst: Ja, ich liebe mich. Ich liebe meinen Leib. Ich liebe mich so, wie ich geworden bin. Ich liebe dieses einmalige Bild, das Gott sich von mir gemacht hat.

Du bist geliebt,
auch wenn Du einsam bist

Vielleicht spürst Du die Liebe nicht mehr, weil Du allein bist.

Keiner besucht Dich. Keiner versteht Dich. Niemand ist jetzt da, um mit Dir zu sprechen. Halte Deine Einsamkeit aus, aber stelle sie ganz hinein in die Liebe Gottes, die Dich umgibt.

Gottes Liebe verwandelt Deine Einsamkeit.

Du spürst, dass Dich seine Liebe eins werden lässt mit Dir selbst. Und wenn Du eins bist mit Dir, fühlst Du Dich auch eins mit den Menschen, die Dir am Herzen liegen. Du spürst ihre Nähe und die Verbundenheit mit ihnen, auch wenn sie jetzt gerade nicht bei Dir sind.

Die Einsamkeit möchte Dich sensibel machen für Gottes Liebe, die immer um Dich ist. Diese Liebe nimmt Dir die Einsamkeit nicht weg; auch wenn Dir Gottes Liebe ganz und gar bewusst ist, fühlst Du

Dich einsam. Aber Du kannst Dir vorstellen, dass Du durch Deine Einsamkeit hindurchgehst. Und wenn Du das tust, gelangst Du durch das Gefühl des Alleinseins in den Grund Deiner Seele. Und das ist der Ort, an dem Gottes Liebe wohnt.

Gottes Liebe kann Deine Einsamkeit fruchtbar werden lassen. Gott spricht in Deiner Einsamkeit gute Worte zu Dir: »Du bist mein geliebtes Kind. Ich freue mich, dass Du da bist. Du darfst darauf vertrauen, dass ich immer bei Dir bin. Ich bin gerne bei Dir, weil Du so ehrlich mit Dir umgehst, weil Du bereit bist, Deine

Einsamkeit auszuhalten, anstatt vor ihr davonzulaufen.«

So möge Gott Dich mit seiner Liebe umgeben, damit Du Dich eins fühlst mit Dir selbst, einverstanden mit Deinem Leben und verbunden mit den Menschen um Dich herum. Dann wird seine Liebe Dich tragen und Dich verbinden mit allen Menschen, die seine Kinder sind.

Liebe
im Leid

Wie sehr wir geliebt werden, erfahren wir oft erst, wenn wir Leid erfahren. Da steht der Partner zu uns, auch wenn wir ihm nichts mehr bieten können als unseren hinfälligen Leib. Der Partner liebt uns, nicht weil er etwas von uns hat, sondern einfach deshalb, weil wir miteinander verbunden sind.

Die Liebe ist ohne Grund. Das erfahren wir gerade im Leid. Daher ist das Leid ein Testfall für die Liebe.

Viele Eheleute begleiten ihre Partner liebevoll, wenn sie krank werden. Und oft wächst die Liebe gerade in Situationen der Krankheit. Eine Frau, die an Krebs erkrankt war, hat in ihrer Krankheit die Liebe zu ihrem Mann in neuer Weise erlebt. Das Leid der Krankheit hat sie tiefer zusammengeführt.

Manchmal trifft die Eheleute gemeinsames Leid. Sie verlieren ein Kind. Oder sie erleben finanzielle Schwierigkeiten. Auch hier kann das Leid die Liebe vertiefen. Aber es gibt auch Menschen, die im Leid den geliebten Menschen verlassen. Das ist dann eine besonders tiefe Verletzung. Es geht darum, das Leid gemeinsam zu tragen. Dann verbindet es die Menschen, die sich lieben, auf noch tiefere Weise.

Liebe und Tod

Zahlreiche Liebesromane enden im tragischen Tod eines der Verliebten oder gar beider Verliebter. Das Motiv von Liebe und Tod zeigt die innere Verbindung dieser beiden Pole. Die wahre Liebe nimmt selbst den Tod in Kauf, weil ihr die Liebe mehr wert ist als das Leben. Und jede echte Liebe geht bis zum Tod, ja über den Tod hinaus.

Gabriel Marcel, der katholische Philosoph aus Frankreich, sagte einmal:

»Lieben, das heißt zum anderen sprechen:
Du, Du wirst nicht sterben.«

Die Liebe ist stärker als der Tod. Das feiern wir Christen auch im Tod und in der Auferstehung Jesu. Als Jesus von den Toten aufersteht, begegnet er zuerst Maria von Magdala, die wie keine andere Frau Jesus geliebt hat. Und sie darf erfahren, dass ihre Liebe den Tod überdauert, aber durch den Tod und die

Auferstehung auch verwandelt wird. Der Evangelist Johannes deutet den Tod Jesu selbst als Vollendung seiner Liebe:

»Da er die Seinen, die in der Welt waren, liebte, erwies er ihnen seine Liebe bis zur Vollendung.«
(Johannes 13,1)

Wer den anderen liebt, liebt ihn bis in den Tod hinein und über den Tod hinaus. Denn – so ist die Überzeugung der Liebenden – der Tod kann uns zwar das Leben nehmen, aber nicht die Liebe.

Die Liebenden werden sich nach dem Tod in Gott wiedersehen und für immer eins sein: miteinander und mit Gott.

Geliebt oder beliebt?

Jeder von uns möchte gerne bei anderen beliebt sein.

Doch oft genug hindert uns der Wunsch, beliebt zu sein, daran, Grenzen zu setzen oder einmal Nein zu sagen, wenn jemand von uns etwas möchte. Wir haben Angst, wir könnten bei den anderen nicht mehr so beliebt sein, wenn wir uns von ihnen abgrenzen oder einen Wunsch nicht erfüllen.

Und so verbiegen wir uns oft genug, um bei möglichst vielen Menschen beliebt zu sein. Wir passen uns ihren Wünschen an. Doch unsere Seele reagiert dann oft mit dem Gefühl, dass wir ausgenutzt werden. Und wir spüren: Beliebtsein ist etwas anderes als geliebt zu werden.

Für viele ist das Beliebtsein ein Ersatz für echte Liebe. Weil sie zu wenig Liebe erfahren, möchten sie überall beliebt sein. Doch wer nur beliebt ist, dessen Sehnsucht nach Liebe wird nicht erfüllt. Er erfährt nicht wirkliche Liebe.

Daher ist es gut, meinen Wunsch nach Beliebtheit anzuschauen und mich zu fragen:

Wonach sehne ich mich denn eigentlich? Bin ich wirklich zufrieden, wenn ich bei allen beliebt bin?

Oder steckt in dem Wunsch nach Beliebtsein nicht eigentlich die Sehnsucht, wirklich zu lieben und geliebt zu werden?

Wenn ich von einem Menschen wahre Liebe erfahre, dann werde ich frei von dem Druck, mich bei allen beliebt zu machen. Die wahre Liebe befreit mich von dem Zwang, mich überall anzupassen, nur um bei möglichst vielen Menschen beliebt zu sein.

Du bist geliebt und angenommen

Wenn ich Dir sage, dass ich Dich liebe, dann drücke ich damit zugleich aus, dass ich Dich annehme, wie Du bist.

In der Sehnsucht, geliebt zu werden, steckt immer auch der Wunsch, ganz und gar angenommen zu werden. Ich darf sein, wer ich bin. Und darin steckt auch die Sehnsucht, sich selbst annehmen zu können. Viele tun sich schwer, sich selbst anzunehmen.

Wenn ich nach den Gründen frage, warum sie sich nicht annehmen können, so stoße ich oft auf folgendes Phänomen: Das Bild, das der andere von sich hat, stimmt nicht mit seiner Realität überein. Manche nehmen sich nur dann an, wenn sie dem Bild entsprechen, das sie sich von sich selbst gemacht haben. Doch oft genug sind diese Bilder Illusionen.

Sich selbst annehmen heißt daher: Abschied nehmen von den Illusionen, die ich von mir in meiner Seele herumtrage. Doch das ist oft ein schmerzlicher Prozess. Die Psychologie nennt das betrauern. Ich be-

trauere, dass ich nicht so ideal bin, wie ich das immer sein wollte, dass mein Leben so verlaufen ist, dass ich so geworden bin, dass ich durchschnittlich bin. Doch nur wenn ich durch den Schmerz des Betrauerns hindurchgehe, komme ich in Berührung mit dem Grund meiner Seele.

Im Grund meiner Seele bin ich im Einklang mit mir selbst, mit dem einmaligen Bild, das Gott sich von mir gemacht hat. Dieses einmalige Bild Gottes von mir kann ich nicht mehr beschreiben. Es legt mich nicht fest. Es lässt mich vielmehr erahnen, was das Geheimnis meines Seins mitten in meiner Durchschnittlichkeit und mitten in der Banalität meines Lebens ist.

Die Liebe bewertet nicht

Wir tun uns oft schwer, an die Liebe eines anderen zu glauben, weil wir uns selbst negativ bewerten. Wir denken, dass wir nicht gut genug sind, dass wir die Liebe des anderen nicht verdient haben. Wir meinen in der Tiefe unseres Herzens, dass wir uns die Liebe verdienen müssen durch bestimmte Fähigkeiten, durch unser Aussehen oder durch unser Verhalten.

Doch die Liebe ist immer ein Geschenk. Und wenn mich jemand wirklich liebt, dann bewertet er mich nicht. Er liebt mich mit allem, was in mir ist. Natürlich ist die Liebe durchaus auch eine Herausforderung, an mir zu arbeiten. Wenn ich von einem Menschen geliebt werde, möchte ich auf diese Liebe antworten, indem ich ihn auch liebe. Und Lieben bedeutet dann, dass ich all meine negativen Emotionen wie Unzufriedenheit, Ärger, Aggression in Liebe verwandle. Aber ich muss mir die Liebe nicht verdienen. Die Liebe bewertet mich nicht, sondern nimmt mich an, wie ich bin.

Gerade weil ich mich nicht bewertet fühle, vermag ich mich zu ändern. Wenn der andere mich bewertet, dann muss ich mich entweder rechtfertigen. Oder ich muss gegen all das kämpfen, was der andere an mir verurteilt. Doch der Kampf gegen mich selbst führt nur dazu, dass ich in mir Gegenkräfte wecke, die mich an der Verwandlung hindern.

Verwandlung geschieht nur dort, wo jemand mich liebt, wie ich bin, ohne mich zu bewerten.

Du bist
Liebe

In jedem von uns steckt die Sehnsucht, zu lieben und geliebt zu werden. Ich habe Dir in diesem Buch immer wieder zugesagt, dass Du geliebt bist und gerade deshalb auch fähig bist, Dich selbst und andere zu lieben. Doch das Ziel von Lieben und Geliebtwerden ist nicht, dass jemand kommt, der mich für immer so liebt, dass ich ganz satt bin.

Jede Liebe weckt vielmehr die Sehnsucht nach noch mehr Liebe. Das Ziel der Sehnsucht nach Liebe ist vielmehr: Liebe zu sein.

Vielleicht hast Du das schon einmal erfahren: Du sitzt auf einer Bank in der Sonne, lässt Dich von der Liebe Gottes durchstrahlen. Auf einmal hast Du das Gefühl: Ich bin Liebe. Ich bin ganz erfüllt von Liebe. Und die Liebe strömt von mir aus, nicht nur zu einem bestimmten Menschen hin, den ich liebe, sondern in die Natur, die mich umgibt, zu allen Menschen hin, die mir gerade einfallen. Ich bin voller Liebe.

In solchen Augenblicken bist Du frei von dem Druck, Dich oder andere lieben zu müssen. Die Liebe ist einfach da. Sie ist wie eine Quelle, die mich durchströmt.

Auf einmal geht mir auf, was Johannes in seinem Brief schreibt:

»Gott ist Liebe. Und wer in der Liebe bleibt, bleibt in Gott, und Gott bleibt in ihm.« (1 Johannes 4,16)

Dann ist die Liebe mehr als ein Gefühl. Sie ist das Wesen Gottes. Und in der Liebe erfahre ich Gott selbst.

Bildnachweise

Alle Fotos © Fotolia.com, 6: Ivonne Wierink, 9: stevanzz, 10: nadezhda1906, 14: Myrtille MLB, 18: shocky, 22: RFsole, 26: krasnajasapocka, 29: Alexander, 32: WONG SZE FEI, 35: faber845, 38: Franziska Krause, 41: emer, 42: Julian Weber, 46: rainersurf, 50: Nailia Schwarz, 54: Perry, 57: Fernbach Antal, 59: xy, 60: Poles, 62: wajan, 66: anyaberkut, 69: auryndrikson, 72: auryndrikson, 75: Stéphane Bidouze, 78: coolkengzz, 81: robert, 84: bluehand, 88: muratart, 91: agneskantaruk, 92: bst2012